ADVANCED FRACTIONS AND DECIMALS WORKBOOK MATH ESSENTIALS
Children's Fraction Books

All Rights reserved. No part of this book may be reproduced or used in any way or form or by any means whether electronic or mechanical, this means that you cannot record or photocopy any material ideas or tips that are provided in this book

Copyright 2016

ADDING TWO FRACTIONS

1. $\dfrac{3}{10} + \dfrac{1}{2} = \dfrac{\Box}{\Box}$ 4. $\dfrac{9}{10} + \dfrac{2}{4} = \dfrac{\Box}{\Box}$

2. $\dfrac{1}{2} + \dfrac{9}{10} = \dfrac{\Box}{\Box}$ 5. $\dfrac{1}{2} + \dfrac{3}{4} = \dfrac{\Box}{\Box}$

3. $\dfrac{4}{10} + \dfrac{1}{5} = \dfrac{\Box}{\Box}$ 6. $\dfrac{3}{4} + \dfrac{1}{2} = \dfrac{\Box}{\Box}$

7. $\dfrac{1}{2} + \dfrac{1}{5} = \dfrac{\Box}{\Box}$

10. $\dfrac{3}{4} + \dfrac{1}{2} = \dfrac{\Box}{\Box}$

8. $\dfrac{1}{2} + \dfrac{3}{10} = \dfrac{\Box}{\Box}$

11. $\dfrac{2}{3} + \dfrac{4}{10} = \dfrac{\Box}{\Box}$

9. $\dfrac{1}{4} + \dfrac{5}{10} = \dfrac{\Box}{\Box}$

12. $\dfrac{1}{4} + \dfrac{2}{3} = \dfrac{\Box}{\Box}$

13. $\dfrac{6}{10} + \dfrac{1}{2} = \dfrac{\Box}{\Box}$

16. $\dfrac{2}{6} + \dfrac{12}{30} = \dfrac{\Box}{\Box}$

14. $\dfrac{9}{10} + \dfrac{2}{5} = \dfrac{\Box}{\Box}$

17. $\dfrac{9}{26} + \dfrac{11}{13} = \dfrac{\Box}{\Box}$

15. $\dfrac{1}{2} + \dfrac{2}{3} = \dfrac{\Box}{\Box}$

18. $\dfrac{2}{4} + \dfrac{3}{5} = \dfrac{\Box}{\Box}$

19. $\dfrac{8}{30} + \dfrac{4}{5} = \dfrac{\Box}{\Box}$ 22. $\dfrac{2}{6} + \dfrac{1}{3} = \dfrac{\Box}{\Box}$

20. $\dfrac{5}{16} + \dfrac{6}{8} = \dfrac{\Box}{\Box}$ 23. $\dfrac{3}{13} + \dfrac{9}{26} = \dfrac{\Box}{\Box}$

21. $\dfrac{7}{11} + \dfrac{10}{22} = \dfrac{\Box}{\Box}$ 24. $\dfrac{2}{4} + \dfrac{2}{6} = \dfrac{\Box}{\Box}$

25. $\dfrac{1}{4} + \dfrac{4}{5} = \dfrac{\Box}{\Box}$

28. $\dfrac{5}{10} + \dfrac{2}{5} = \dfrac{\Box}{\Box}$

26. $\dfrac{5}{7} + \dfrac{3}{4} = \dfrac{\Box}{\Box}$

29. $\dfrac{7}{14} + \dfrac{6}{7} = \dfrac{\Box}{\Box}$

27. $\dfrac{4}{7} + \dfrac{9}{14} = \dfrac{\Box}{\Box}$

30. $\dfrac{1}{24} + \dfrac{7}{12} = \dfrac{\Box}{\Box}$

ADDING THREE FRACTIONS

1. $\dfrac{1}{6} + \dfrac{5}{15} + \dfrac{1}{15} = \dfrac{\Box}{\Box}$

4. $\dfrac{2}{4} + \dfrac{7}{16} + \dfrac{3}{8} = \dfrac{\Box}{\Box}$

2. $\dfrac{1}{4} + \dfrac{1}{3} + \dfrac{3}{4} = \dfrac{\Box}{\Box}$

5. $\dfrac{5}{6} + \dfrac{2}{4} + \dfrac{2}{4} = \dfrac{\Box}{\Box}$

3. $\dfrac{5}{22} + \dfrac{3}{11} + \dfrac{5}{11} = \dfrac{\Box}{\Box}$

6. $\dfrac{1}{6} + \dfrac{1}{18} + \dfrac{7}{18} = \dfrac{\Box}{\Box}$

7. $\dfrac{4}{10} + \dfrac{3}{4} + \dfrac{8}{20} = \dfrac{\Box}{\Box}$

10. $\dfrac{2}{3} + \dfrac{4}{6} + \dfrac{4}{8} = \dfrac{\Box}{\Box}$

8. $\dfrac{1}{3} + \dfrac{2}{8} + \dfrac{2}{3} = \dfrac{\Box}{\Box}$

11. $\dfrac{1}{4} + \dfrac{9}{14} + \dfrac{9}{28} = \dfrac{\Box}{\Box}$

9. $\dfrac{12}{26} + \dfrac{1}{13} + \dfrac{1}{13} = \dfrac{\Box}{\Box}$

12. $\dfrac{7}{27} + \dfrac{3}{9} + \dfrac{6}{9} = \dfrac{\Box}{\Box}$

13. $\dfrac{5}{21} + \dfrac{6}{7} + \dfrac{2}{7} = \dfrac{\Box}{\Box}$

16. $\dfrac{5}{7} + \dfrac{11}{21} + \dfrac{9}{21} = \dfrac{\Box}{\Box}$

14. $\dfrac{2}{4} + \dfrac{2}{5} + \dfrac{2}{4} = \dfrac{\Box}{\Box}$

17. $\dfrac{6}{12} + \dfrac{4}{6} + \dfrac{5}{12} = \dfrac{\Box}{\Box}$

15. $\dfrac{6}{13} + \dfrac{11}{26} + \dfrac{8}{26} = \dfrac{\Box}{\Box}$

18. $\dfrac{1}{6} + \dfrac{3}{12} + \dfrac{4}{6} = \dfrac{\Box}{\Box}$

19. $\dfrac{5}{11} + \dfrac{11}{22} + \dfrac{1}{22} = \dfrac{\Box}{\Box}$

22. $\dfrac{4}{6} + \dfrac{3}{4} + \dfrac{1}{4} = \dfrac{\Box}{\Box}$

20. $\dfrac{5}{26} + \dfrac{3}{13} + \dfrac{8}{26} = \dfrac{\Box}{\Box}$

23. $\dfrac{4}{8} + \dfrac{3}{4} + \dfrac{4}{8} = \dfrac{\Box}{\Box}$

21. $\dfrac{3}{4} + \dfrac{4}{6} + \dfrac{1}{3} = \dfrac{\Box}{\Box}$

24. $\dfrac{12}{28} + \dfrac{5}{7} + \dfrac{8}{14} = \dfrac{\Box}{\Box}$

25. $\dfrac{3}{5} + \dfrac{9}{10} + \dfrac{1}{20} = \dfrac{\square}{\square}$

28. $\dfrac{3}{11} + \dfrac{1}{22} + \dfrac{9}{11} = \dfrac{\square}{\square}$

26. $\dfrac{2}{21} + \dfrac{4}{7} + \dfrac{11}{21} = \dfrac{\square}{\square}$

29. $\dfrac{1}{3} + \dfrac{3}{8} + \dfrac{1}{3} = \dfrac{\square}{\square}$

27. $\dfrac{2}{3} + \dfrac{2}{6} + \dfrac{5}{18} = \dfrac{\square}{\square}$

30. $\dfrac{1}{4} + \dfrac{12}{16} + \dfrac{2}{4} = \dfrac{\square}{\square}$

SUBTRACTING THREE FRACTIONS

1. $\dfrac{9}{10} - \dfrac{1}{3} - \dfrac{1}{10} = \dfrac{\Box}{\Box}$ 4. $\dfrac{8}{10} - \dfrac{1}{5} - \dfrac{3}{10} = \dfrac{\Box}{\Box}$

2. $\dfrac{4}{5} - \dfrac{1}{4} - \dfrac{1}{5} = \dfrac{\Box}{\Box}$ 5. $\dfrac{4}{5} - \dfrac{1}{5} - \dfrac{1}{5} = \dfrac{\Box}{\Box}$

3. $\dfrac{8}{10} - \dfrac{2}{5} - \dfrac{1}{5} = \dfrac{\Box}{\Box}$ 6. $\dfrac{8}{10} - \dfrac{1}{2} - \dfrac{2}{10} = \dfrac{\Box}{\Box}$

7. $\dfrac{9}{10} - \dfrac{1}{4} - \dfrac{1}{10} = \dfrac{\square}{\square}$

10. $\dfrac{4}{5} - \dfrac{1}{3} - \dfrac{1}{10} = \dfrac{\square}{\square}$

8. $\dfrac{4}{5} - \dfrac{1}{4} - \dfrac{2}{10} = \dfrac{\square}{\square}$

11. $\dfrac{8}{10} - \dfrac{1}{4} - \dfrac{2}{10} = \dfrac{\square}{\square}$

9. $\dfrac{9}{10} - \dfrac{1}{3} - \dfrac{1}{5} = \dfrac{\square}{\square}$

12. $\dfrac{4}{5} - \dfrac{1}{3} - \dfrac{3}{10} = \dfrac{\square}{\square}$

13. $\dfrac{8}{10} - \dfrac{1}{2} - \dfrac{1}{5} = \dfrac{\Box}{\Box}$

16. $\dfrac{23}{24} - \dfrac{2}{6} - \dfrac{1}{12} = \dfrac{\Box}{\Box}$

14. $\dfrac{8}{10} - \dfrac{1}{4} - \dfrac{1}{5} = \dfrac{\Box}{\Box}$

17. $\dfrac{18}{20} - \dfrac{2}{4} - \dfrac{1}{10} = \dfrac{\Box}{\Box}$

15. $\dfrac{4}{5} - \dfrac{1}{3} - \dfrac{1}{10} = \dfrac{\Box}{\Box}$

18. $\dfrac{10}{12} - \dfrac{1}{3} - \dfrac{1}{6} = \dfrac{\Box}{\Box}$

19. $\dfrac{10}{12} - \dfrac{2}{4} - \dfrac{1}{6} = \dfrac{\Box}{\Box}$ 22. $\dfrac{27}{28} - \dfrac{2}{4} - \dfrac{1}{14} = \dfrac{\Box}{\Box}$

20. $\dfrac{29}{30} - \dfrac{1}{3} - \dfrac{1}{15} = \dfrac{\Box}{\Box}$ 23. $\dfrac{26}{28} - \dfrac{1}{7} - \dfrac{1}{14} = \dfrac{\Box}{\Box}$

21. $\dfrac{14}{16} - \dfrac{1}{4} - \dfrac{1}{8} = \dfrac{\Box}{\Box}$ 24. $\dfrac{29}{30} - \dfrac{1}{6} - \dfrac{1}{15} = \dfrac{\Box}{\Box}$

25. $\dfrac{10}{12} - \dfrac{1}{4} - \dfrac{1}{6} = \dfrac{\Box}{\Box}$

28. $\dfrac{26}{28} - \dfrac{1}{7} - \dfrac{1}{14} = \dfrac{\Box}{\Box}$

26. $\dfrac{19}{20} - \dfrac{2}{4} - \dfrac{1}{10} = \dfrac{\Box}{\Box}$

29. $\dfrac{22}{24} - \dfrac{2}{8} - \dfrac{1}{12} = \dfrac{\Box}{\Box}$

27. $\dfrac{14}{16} - \dfrac{2}{4} - \dfrac{2}{8} = \dfrac{\Box}{\Box}$

30. $\dfrac{29}{30} - \dfrac{1}{10} - \dfrac{2}{15} = \dfrac{\Box}{\Box}$

ADDITION WITH DECIMALS

914.16
+ 486.23

1. ☐

231.83
+ 758.77

2. ☐

809.82
+ 548.62

3. ☐

226.87
+ 927.49

4. ☐

970.65
+ 273.83

5. ☐

308.29
+ 984.25

6. ☐

854.88
+ 272.91

7. ☐

778.52
+ 777.12

8. ☐

```
        192.64              438.27
    +   284.92          +   212.78
       _____            _____
9.  [        ]        13. [        ]

        697.24              266.91
    +   113.54          +   192.59
       _____            _____
10. [        ]        14. [        ]

        162.57              807.58
    +   609.52          +   215.81
       _____            _____
11. [        ]        15. [        ]

        820.93              926.22
    +   237.74          +   334.33
       _____            _____
12. [        ]        16. [        ]
```

```
        538.75              873.59
      + 943.88            + 727.34
       ───────             ───────
17. [        ]         21. [        ]

        585.83              793.46
      + 780.45            + 646.74
       ───────             ───────
18. [        ]         22. [        ]

        415.33              862.88
      + 199.33            + 540.94
       ───────             ───────
19. [        ]         23. [        ]

        730.93              423.62
      + 462.18            + 634.18
       ───────             ───────
20. [        ]         24. [        ]
```

	519.17		328.67
	+ 615.84		**+** 694.23
25.		29.	
	148.18		921.86
	+ 770.12		**+** 743.93
26.		30.	
	436.51		546.99
	+ 404.51		**+** 301.34
27.		31.	
	293.87		759.38
	+ 737.54		**+** 205.96
28.		32.	

```
       263.63              771.99
   +   184.26          +   389.15
     _____            _____
33. [      ]         37. [      ]

       751.53              507.37
   +   368.76          +   653.85
     _____            _____
34. [      ]         38. [      ]

       311.38              207.53
   +   499.54          +   256.73
     _____            _____
35. [      ]         39. [      ]

       448.29              996.21
   +   833.95          +   954.96
     _____            _____
36. [      ]         40. [      ]
```

```
      528.42              350.76
  +   944.61          +   717.11
      ------              ------
41. [      ]         45. [      ]

      804.23              696.57
  +   465.92          +   257.94
      ------              ------
42. [      ]         46. [      ]

      785.31              795.13
  +   337.48          +   557.59
      ------              ------
43. [      ]         47. [      ]

      699.76              741.88
  +   430.82          +   427.13
      ------              ------
44. [      ]         48. [      ]
```

```
      219.91              712.76
    + 263.35            + 720.89
    ─────────           ─────────
49. [      ]        53. [      ]

      893.13              420.14
    + 622.25            + 105.46
    ─────────           ─────────
50. [      ]        54. [      ]

      840.81              191.26
    + 323.65            + 309.15
    ─────────           ─────────
51. [      ]        55. [      ]

      142.89              379.87
    + 587.53            + 358.46
    ─────────           ─────────
52. [      ]        56. [      ]
```

```
      752.13              180.37
    + 769.47            + 372.92
    ─────────           ─────────
57. [      ]         61. [      ]

      234.43              526.36
    + 616.76            + 423.99
    ─────────           ─────────
58. [      ]         62. [      ]

      575.51              699.94
    + 666.91            + 448.55
    ─────────           ─────────
59. [      ]         63. [      ]

      799.43              964.52
    + 785.51            + 176.14
    ─────────           ─────────
60. [      ]         64. [      ]
```

```
       588.48              222.12
    +  551.51           +  689.88
       ──────              ──────
65. [       ]         69. [       ]

       698.16              755.72
    +  629.66           +  802.19
       ──────              ──────
66. [       ]         70. [       ]

       162.18              276.73
    +  247.28           +  631.87
       ──────              ──────
67. [       ]         71. [       ]

       165.43              947.97
    +  640.97           +  676.51
       ──────              ──────
68. [       ]         72. [       ]
```

SUBTRACTION WITH DECIMALS

	49.65			42.72
−	19.48		−	11.98

1. ☐   5. ☐

	88.55			90.91
−	72.89		−	20.34

2. ☐   6. ☐

	95.95			90.95
−	42.18		−	22.57

3. ☐   7. ☐

	38.12			87.72
−	31.73		−	49.59

4. ☐   8. ☐

```
      52.79              54.45
   -  46.72           -  15.34
      _____              _____
9.  [      ]      13. [      ]

      93.27              89.12
   -  18.62           -  19.79
      _____              _____
10. [      ]      14. [      ]

      41.29              37.46
   -  24.48           -  32.95
      _____              _____
11. [      ]      15. [      ]

      48.39              78.59
   -  11.22           -  46.73
      _____              _____
12. [      ]      16. [      ]
```

	62.84		59.43
-	24.95	-	11.31

17. ☐   21. ☐

	69.84		89.51
-	15.22	-	54.76

18. ☐   22. ☐

	87.94		83.21
-	55.77	-	72.79

19. ☐   23. ☐

	56.24		84.43
-	29.35	-	28.38

20. ☐   24. ☐

	400.18			957.97	
	- 341.23			- 713.56	
25.	☐		29.	☐	
	960.98			916.22	
	- 400.11			- 872.31	
26.	☐		30.	☐	
	665.61			726.44	
	- 513.49			- 587.38	
27.	☐		31.	☐	
	666.54			490.27	
	- 429.82			- 404.26	
28.	☐		32.	☐	

	802.38	699.85
	- 447.92	- 136.95

33. _____   37. _____

	987.99	433.99
	- 407.86	- 109.79

34. _____   38. _____

	975.77	956.74
	- 481.99	- 155.23

35. _____   39. _____

	786.36	236.72
	- 314.79	- 178.28

36. _____   40. _____

ANSWERS

ADDING TWO FRACTIONS

1. $\dfrac{4}{5}$
2. $1\dfrac{2}{5}$
3. $\dfrac{3}{5}$
4. $1\dfrac{2}{5}$
5. $1\dfrac{1}{4}$
6. $1\dfrac{1}{4}$
7. $\dfrac{7}{10}$
8. $\dfrac{4}{5}$
9. $\dfrac{3}{4}$
10. $1\dfrac{1}{4}$
11. $1\dfrac{1}{15}$
12. $\dfrac{11}{12}$
13. $1\dfrac{1}{10}$
14. $1\dfrac{3}{10}$
15. $1\dfrac{1}{6}$
16. $\dfrac{11}{15}$
17. $1\dfrac{5}{26}$
18. $1\dfrac{1}{10}$
19. $1\dfrac{1}{15}$
20. $1\dfrac{1}{16}$
21. $1\dfrac{1}{11}$
22. $\dfrac{2}{3}$
23. $\dfrac{15}{26}$
24. $\dfrac{5}{6}$
25. $1\dfrac{1}{20}$
26. $1\dfrac{13}{28}$
27. $1\dfrac{3}{14}$
28. $\dfrac{9}{10}$
29. $1\dfrac{5}{14}$
30. $\dfrac{5}{8}$

ADDING THREE FRACTIONS

1. $\dfrac{17}{30}$
2. $1\dfrac{1}{3}$
3. $\dfrac{21}{22}$
4. $1\dfrac{5}{16}$
5. $1\dfrac{5}{6}$
6. $\dfrac{11}{18}$
7. $1\dfrac{11}{20}$
8. $1\dfrac{1}{4}$
9. $\dfrac{8}{13}$
10. $1\dfrac{5}{6}$
11. $1\dfrac{3}{14}$
12. $1\dfrac{7}{27}$
13. $1\dfrac{8}{21}$
14. $1\dfrac{2}{5}$
15. $1\dfrac{5}{26}$
16. $1\dfrac{2}{3}$
17. $1\dfrac{7}{12}$
18. $1\dfrac{1}{12}$
19. 1
20. $\dfrac{19}{26}$
21. $1\dfrac{3}{4}$
22. $1\dfrac{2}{3}$
23. $1\dfrac{3}{4}$
24. $1\dfrac{5}{7}$
25. $1\dfrac{11}{20}$
26. $1\dfrac{4}{21}$
27. $1\dfrac{5}{18}$
28. $1\dfrac{3}{22}$
29. $1\dfrac{1}{24}$
30. $1\dfrac{1}{2}$

SUBTRACTING THREE FRACTIONS

1. $\dfrac{7}{15}$
2. $\dfrac{7}{20}$
3. $\dfrac{1}{5}$
4. $\dfrac{3}{10}$
5. $\dfrac{2}{5}$
6. $\dfrac{1}{10}$
7. $\dfrac{11}{20}$
8. $\dfrac{7}{20}$
9. $\dfrac{11}{30}$
10. $\dfrac{11}{30}$
11. $\dfrac{7}{20}$
12. $\dfrac{1}{6}$
13. $\dfrac{1}{10}$
14. $\dfrac{7}{20}$
15. $\dfrac{11}{30}$
16. $\dfrac{13}{24}$
17. $\dfrac{3}{10}$
18. $\dfrac{1}{3}$
19. $\dfrac{1}{6}$
20. $\dfrac{17}{30}$
21. $\dfrac{1}{2}$
22. $\dfrac{11}{28}$
23. $\dfrac{5}{7}$
24. $\dfrac{11}{15}$
25. $\dfrac{5}{12}$
26. $\dfrac{7}{20}$
27. $\dfrac{1}{8}$
28. $\dfrac{5}{7}$
29. $\dfrac{7}{12}$
30. $\dfrac{11}{15}$

ADDITION WITH DECIMALS

1. 1400.39
2. 990.60
3. 1358.44
4. 1154.36
5. 1244.48
6. 1292.54
7. 1127.79
8. 1555.64
9. 477.56
10. 810.78
11. 772.09
12. 1058.67
13. 651.05
14. 459.50
15. 1023.39
16. 1260.55
17. 1482.63
18. 1366.28
19. 614.66
20. 1193.11
21. 1600.93
22. 1440.20
23. 1403.82
24. 1057.80
25. 1135.01
26. 918.30
27. 841.02
28. 1031.41
29. 1022.90
30. 1665.79
31. 848.33
32. 965.34
33. 447.89
34. 1120.29
35. 810.92
36. 1282.24
37. 1161.14
38. 1161.22
39. 464.26
40. 1951.17
41. 1473.03
42. 1270.15
43. 1122.79
44. 1130.58
45. 1067.87
46. 954.51
47. 1352.72
48. 1169.01
49. 483.26
50. 1515.38
51. 1164.46
52. 730.42
53. 1433.65
54. 525.60
55. 500.41
56. 738.33
57. 1521.60
58. 851.19
59. 1242.42
60. 1584.94
61. 553.29
62. 950.35
63. 1148.49
64. 1140.66
65. 1139.99
66. 1327.82
67. 409.46
68. 806.40
69. 912.00
70. 1557.91
71. 908.60
72. 1624.48

ADDITION WITH DECIMALS

1. 30.17
2. 15.66
3. 53.77
4. 6.39
5. 30.74
6. 70.57
7. 68.38
8. 38.13
9. 6.07
10. 74.65
11. 16.81
12. 37.17
13. 39.11
14. 69.33
15. 4.51
16. 31.86
17. 37.89
18. 54.62
19. 32.17
20. 26.89
21. 48.12
22. 34.75
23. 10.42
24. 56.05
25. 58.95
26. 560.87
27. 152.12
28. 236.72
29. 244.41
30. 43.91
31. 139.06
32. 86.01
33. 354.46
34. 580.13
35. 493.78
36. 471.57
37. 562.90
38. 324.20
39. 801.51
40. 58.44